DANIEL PICOULY FRÉDÉRIC PILLOT

Tilou Bleu

ne veut plus faire de colères !

Larousse Jeunesse

– Ti Poune, tu faisais des colères, petit ?
demande Tilou.
– Oh ! là, là ! Tilou ! Oui, oui, oui !
Des colères vertes !
Des colères bleues, aussi.
Pourquoi tu veux savoir, Tilou ?
– Moi, je fais des colères rouges.
Mamoune dit que ce sont les plus méchantes.

– Ce n'est pas ma faute, Ti Poune.
Ma colère est une grosse bébête
qui monte, qui monte...
Je voudrais l'arrêter
mais elle sort quand même.
Boum ! Toute rouge.
Comment tu faisais, toi, Ti Poune ?

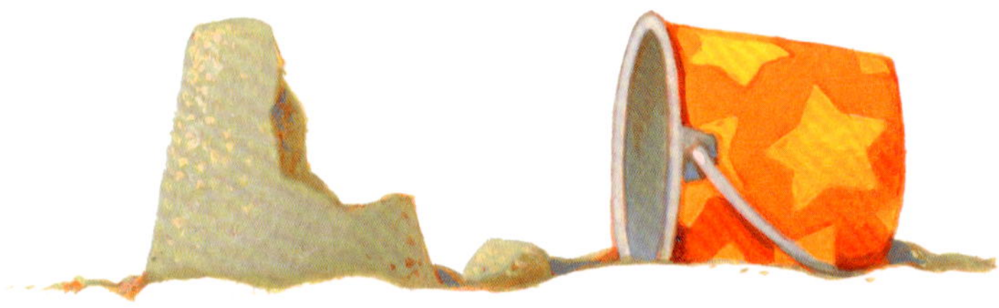

– J'avais un truc magique, Tilou.
– C'est quoi, Ti Poune ? Vite ! Dis-moi.
– Calme toi, Tilou. Sinon tu vas t'énerver
et la grosse bébête va monter... monter...
– Tu as raison, Ti Poune, je me calme.
Raconte-moi ton truc magique.

– La colère bleue, Tilou, est méchante.

Elle veut te faire tout casser, tout déchirer.

Comme ton dessin pour Ti Moune.

– Il était raté !

– Non ! Ti Moune l'avait trouvé très joli.

– C'est vrai, Ti Poune. Désolé.

– Mon truc magique, Tilou,
c'est le petit train chut-chut !
Quand la colère bleue arrive,
je répète : « Chut-chut, je vais y arriver !
Chut-chut, je vais y arriver ! »,
avec des petits pas de locomotive.
Quand je suis calmé, je tire sur le sifflet…
Whou ! Whou !
Et la colère s'en va… en fumée.

– La colère verte, Tilou, est moins méchante.
Elle fronce les sourcils. Fait sa mauvaise tête.
Comme toi quand je t'ai dit
de ne pas entrer dans la cuisine tout seul.
– Je voulais vous faire un gâteau surprise.
– C'est très gentil, Tilou, mais pas tout seul.
Tu aurais pu te brûler ou te couper.
– C'est vrai, Ti Poune. Désolé.

– La colère verte aime être admirée.
Alors, mon truc magique, c'est de l'emmener en promenade, loin des regards.
Sur le petit train chut-chut.
Loin ! Loin ! Au fond du jardin.
Personne pour l'admirer.
Elle est vexée. Et disparaît !

– Et la colère rouge, Tilou, c'est la plus méchante.
Elle crie, tape des pieds, pleure.
Elle ne sait pas ce qu'elle veut,
comme toi, l'autre jour au parc,
quand tu ne voulais pas partir.
Tu avais les joues en feu.
– C'est vrai, Ti Poune.
Mais ton truc magique, il n'y peut rien ?

– Hélas !, Tilou, ta colère rouge
ne voudra jamais monter
dans le petit train chut-chut !
Elle est trop têtue.
– Ti Poune, et si j'essayais
un autre truc magique ?
– Quoi, Tilou ?
– Un camion de pompiers… rouge,
pin-pon, pin-pon, pour éteindre… la colère rouge !

Dans la même collection :

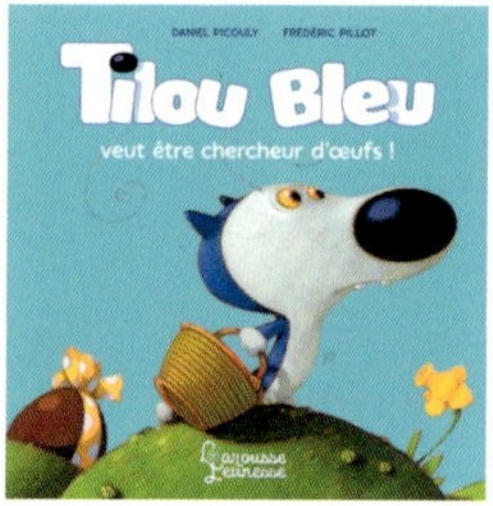

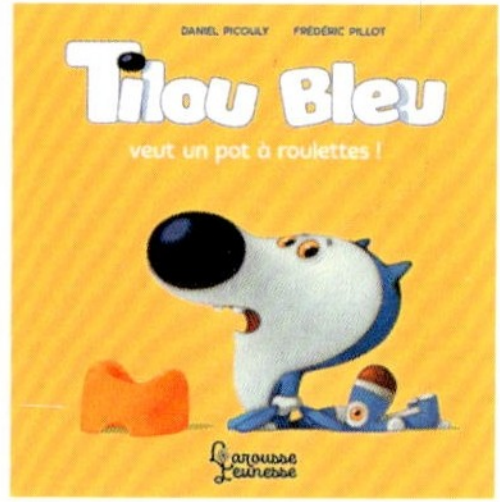

Direction de la publication : Sophie Chanourdie
Édition : Marie-Claude Avignon
Responsable artistique : Laurent Carré
Mise en pages : Elfried Werner
Illustration de couverture : Frédéric Pillot
Fabrication : Rebecca Dubois

21, rue du Montparnasse – 75006 Paris

ISBN : 978-2-03-595193-9
Photogravure : Studio4C
Imprimé par Elcograf S.p.A. en Italie
Dépôt légal : mars 2019
321325-04 / 11043693 – janvier 2020
Conforme à la loi n° 49-956 du 16 juillet 1949 sur les publications destinées à la jeunesse.